LA CUISINE ALSACIENNE

TONY ET JEAN-LOUIS SCHNEIDER
DANIELE BRISON

LA CUISINE ALSACIENNE

Illustrée par Tomi Ungerer

BUEB & REUMAUX
STRASBOURG

*A Madeleine Schneider
et Thérèse Willer*

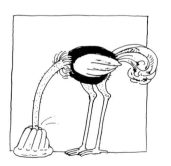

L'hiver, il y a de la buée dorée sur les vitres. C'est qu'il fait bon à l'intérieur. L'été, les géraniums à la parade pointent leurs petites têtes carmin aux fenêtres, donnent à la rue une légère note de fête au village et avivent la bonne mine de L'Arsenal qui, pour le coup, met la fleur au canon.

Il est midi, treize heures, vingt heures ou bien plus tard... Mieux vaut avoir réservé ou, faute de cette élémentaire précaution, bénéficier ce jour-là d'un brin de chance. Parce qu'à L'Arsenal, le restaurant blotti au cœur d'un quartier ancien rendu au renouveau, la Krutenau, haut-lieu de la mémoire strasbourgeoise, depuis le premier jour de novembre 80, la première crise de trac de Tony en salle et de Jean-Louis en cuisine, la maison ne désemplit pas. C'est une espèce de loi : celle de la reconnaissance de l'amour du travail bien fait, celle d'une table généreuse et originale et d'un accueil qui met en appétit.

Tony, le maître de maison, est là. Géant rassurant, l'œil à tout, le sourire heureux, il emplit l'espace de sa souplesse de judoka accompli, rectifie d'un geste sûr le tombé d'une nappe, redresse une fleur, s'incline légèrement, avance une chaise, guette les visages connus, retient ceux qui le deviendront, pardonne d'un clin d'œil aux retardataires et refait chaque jour ce miracle tranquille : le cadeau d'un bonheur.

Il faut dire que le hasard dans tout cela est bien

ce qui manque le plus. La cuisine ? Une histoire d'amour, de famille, de tribu que Tony et Jean-Louis, les deux frères, partagent jalousement comme le font ceux qui savent détenir un trésor.

Vingt-neuf ans ! Voilà vingt-neuf ans que Tony vit son rêve de gosse : un restaurant. Vingt-neuf ans qu'il mijote les mots qui donnent faim, qui conduisent, l'air de rien, à la découverte d'un plat nouveau, qui font que le client se sent fêté, désiré à la table du rituel délicieux: le partage des mets.

Vingt ans ! Voilà vingt ans que Jean-Louis vit avec ses fourneaux, qu'il observe la précieuse alchimie des parfums et saveurs, goûte, compare, adapte les recettes d'hier à la science d'aujourd'hui. Elève de Paul Haeberlin, cuisinier du voyage pendant deux ans sur le paquebot Renaissance, il mène douze heures par jour une jeune brigade, inventive mais respectueuse d'un terroir, de la tradition alsacienne qu'il n'a pas fini de nous faire redécouvrir.

Un sourire. Oh ! Oui ! Voilà longtemps... Grand-papa, grand-maman étaient hôteliers-restaurateurs. Au Brésil, s'il vous plaît. Maman, la merveilleuse maman de Tony et de Jean-Louis était cuisinière de métier. Ah ! il fallait la voir se lever et filer en cuisine traiter Jean-Louis comme un garnement parce qu'un détail, le plus petit, ne lui avait pas plu. Terrible ! Terrible et adorable, comme toutes les histoires où l'on s'aime beaucoup.

Alors... Alors, à onze ans, Tony qui voulait devenir pâtissier et passait des heures dans la contemplation de la boulangerie d'en face, attendait les jeudis et les dimanches, endossait son joli petit gilet rouge taillé pour la circonstance et filait au paradis, juste au pied de la cathédrale, à la Maison Kammerzell. Là, c'est vrai, il avait ses petites entrées : sa tante dirigeait le restaurant. Mais au travail, pas de faveurs et le bébé serveur, avec un sérieux de majordome et le cœur qui tapait, mettait ses pas dans ceux de ses héros : les maîtres-d'hôtel. Pour un franc par jour ! Mais quelle fierté ! Arriva donc ce qui devait arriver : l'apprentissage, l'école hôtelière et le choix de la salle tandis que Jean-Louis, le petit frère, gagné par l'enthousiasme de l'aîné, décidait à son tour d'entrer en cuisine.

Et dix ans passèrent. Dans les restaurants, lieux de vie plus que lieux de travail. Jusqu'au jour où l'envie d'être chez eux travailla les deux frères.

Le choix de L'Arsenal fut conclu en quelques heures : un coup de foudre. Même si, faute de mieux, la visite se fit à la lampe de poche. Mais c'était là, ils le savaient, c'était l'endroit. Restait à faire le plus gros : remettre la vieille maison en état, lui donner sans la défigurer, la brusquer, le cachet qui est le sien aujourd'hui, mélange harmonieux de foyer au confort rustique qui sent bon la cire et résiste à toutes les modes et de galerie d'art où l'esprit se repose tandis que le palais est à la fête.

Là encore, point de hasard ou alors celui qui ressemble à s'y méprendre à un don. Tony vous le dira peut-être, mais il est très timide : il a été élevé par des artistes. Plus que des amis, ils sont ses grands frères. A la Maison Kammerzell, où il resta dix ans, il savait régaler ceux dont le talent était souvent plus grand, beaucoup plus grand que le porte-monnaie. Le service terminé, autour des tables où fraternisaient, se brouillaient, argumentaient des heures durant peintres et poètes, Tony écoutait. Et apprenait. Ils ne l'ont pas oublié. De temps en temps, l'un ou l'autre passe en coup de vent à L'Arsenal, ou s'installe pour une longue soirée, et accroche une toile, rendant ainsi hommage à l'artiste qu'est devenu Tony : celui du bien recevoir, du bien vivre. Rares sont les clients qui partent du restaurant sans avoir demandé à regarder les «Grenouilles» de Tomi Ungerer qui passent du bon temps au premier étage, à l'évidence ravies de l'imagination de leur créateur.

Bien entendu, ce type de privilège ne demeure jamais très longtemps du domaine confidentiel. Voilà pourquoi les écrivains, gens de cinéma, de théâtre, ceux dont les noms barrent les affiches, ont pour habitude de faire une escale strasbourgeoise à L'Arsenal. Lucien Bodard, Anthony Burgess, Serge Gainsbourg, Jane Birkin, André Glucksmann, Jean-Paul Aron comme d'autres sont allés y découvrir une Alsace quasi-éternelle et pourtant inattendue puisque Tony et Jean-Louis ont choisi de s'imprégner des vieux et profonds sillons - tracés dans les manuels d'autrefois - pour réussir de séduisants détours.

Les politiques aussi connaissent
le chemin de L'Arsenal.
Toutes chapelles
confondues,
ils se retrouvent
au temple.
Et d'une certaine manière,
aussi vrai que
l'Europe
des peuples
se construit
un peu
à Strasbourg,
elle en devra sa part
à l'exis-
tence de L'Arsenal.
Qu'il s'agisse des hôtes per-
manents des vingt et un pays
du Conseil de l'Europe
ou des élus du Parlement européen qui
siègent dans la cité une semaine chaque mois,
on brasse allègrement langues, cultures et même
convictions autour des crêpes grand-mère ou d'un
somptueux foie gras concocté par Jean-Louis. A
charge pour Tony de veiller à la bonne cohabita-

tion de tous ces convives ou de savoir prestement tirer la meilleure morale d'un éventuel quiproquo. Mais il saurait en remontrer aux meilleurs diplomates.

Evidemment, il se défend d'avoir un secret de réussite. Et il faut le croire. Mais il détient ces qualités qui ne s'apprennent pas: le goût de l'effort - L'Arsenal est une rude école - et la simplicité, la vraie.

Quiconque pousse la porte, même la première fois, ne sera jamais servi mais reçu, qu'il soit numéro un dans les sondages, vedette de la télévision, auteur à la mode ou simple citoyen. Tony est là, pour établir le contact et sacrifier à son péché mignon: raconter les plats, leur légende, leurs parfums, leurs harmonies. Ces plats que les deux frères, parfois tard dans la nuit, élaborent ensemble, peaufinent comme une surprise.

C'est cela le secret: le goût du bonheur. «Nous sommes des garçons de joie», confie parfois Jean-Louis dans un sourire. Un mot qui devait inspirer le crayon de Tomi Ungerer. Et un bel hommage à l'un des grands plaisirs de la vie: la table.

Danièle Brison

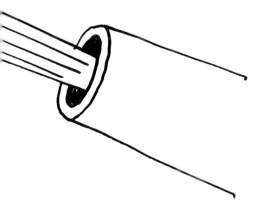

JEAN-LOUIS ET
TONY SCHNEIDER

(Photo P.O. Deschamps)

L'art de la table est une immense mémoire. Au Moyen-Age, la salade verte se servait avec la sauce du rôti. Le lapereau tout jeune sera traité de cette façon. Bien rôti au four, coupé en tranches fines que l'on aura badigeonnées d'un cocktail vinaigrette-jus de cuisson, il sera mis au menu avec une salade verte. Un régal, et pas seulement pour les spécialistes des mœurs médiévales.

SALADE DE LAPEREAU

VOTRE MARCHÉ POUR SIX PERSONNES
- [ ] un lapereau
- [ ] un demi-verre de vinaigre de plantes
- [ ] un verre de vin blanc
- [ ] feuilles de chêne (salade) ou endives
- [ ] vinaigrette
- [ ] ciboulette

La préparation de L'Arsenal

■ Saisir le lapereau à feu vif, le mettre dans un four chaud pendant un bon quart d'heure. La chair doit rester rosée. Le désosser. Le détailler en lamelles et le réserver au chaud. Dégraisser le plat de cuisson, mettre les os, le vinaigre et le vin. Après quelques minutes d'ébullition, passer ce jus à l'étamine sur les aiguillettes de lapereau.

Servir tiède sur une salade de feuilles de chêne ou d'endives, ou un mélange des deux. Parsemer de ciboulette.

*P*our un peu, Tony nous
conduirait dans la verte prairie,
courser le lapereau. Un
lapereau bien tendre. Le voici
dans l'assiette, sur un brin de
salade, fin, léger, doux sous la
langue. Mais, attention,
l'opération est délicate. Il faudra
donc bien prendre le temps
qu'exige cette préparation: c'est
le secret de la réussite.

LAPEREAU EN GELEE AU RIESLING

VOTRE MARCHÉ POUR SIX PERSONNES
- [ ] 2 lapereaux d'un kg
- [ ] 500 g de carottes
- [ ] 300 g de navets
- [ ] une bouteille de Riesling
- [ ] un bouquet de cerfeuil
- [ ] thym, laurier, clous de girofle
- [ ] 500 g de quetsches
- [ ] huile, beurre
- [ ] 4 feuilles de gélatine

La préparation de L'Arsenal

■ Couper, puis colorer les lapereaux dans un mélange d'huile et de beurre. Ajouter les légumes, les épices et le vin blanc. Cuire 30 à 40 minutes. Laisser tiédir. Désosser les lapereaux et disposer dans une terrine en alternant viande et légumes. Verser sur le tout le bouillon dégraissé, filtré et renforcé par les feuilles de gélatine. Laisser prendre au froid pendant trois heures.

Les quetsches, cuites pendant dix minutes avec les lapereaux, seront dénoyautées et réservées, assaisonnées de vinaigrette, dans un endroit tiède, jusqu'au moment de servir. Accompagner les lapereaux d'une salade de saison, relevée d'une bonne vinaigrette et parsemée de rondelles d'oignon.

Vin conseillé: Riesling

*C*urieuse histoire que celle de ce saucisson de faisan, mais le hasard emprunte parfois de drôles de voies. Tony, qui détient secrètement la recette d'or, celle de n'être jamais fatigué, s'était attardé toute une nuit d'après service à bavarder avec un ami journaliste. Les effluves du boulanger d'en face gagnaient le restaurant, l'aube pâlissait... Les deux héros se sentirent une petite faim. Plongeon vers le frigo. Il ne reste que du faisan, soupira Tony. Coupé en fines tranches, le faisan fit l'affaire avec un vieux Bordeaux. Et l'ami s'extasia. Ah ! que n'en fais-tu un saucisson !.. Tâche à laquelle Jean-Louis s'attela. Puis un jour, Tony retrouva une recette dans un livre oublié. Elle s'appelait saucisson de faisan.

SAUCISSON DE FAISAN

VOTRE MARCHÉ POUR SIX A HUIT PERSONNES
- ☐ 2 beaux faisans
- ☐ 300 g de collet de porc haché
- ☐ 300 g de poitrine de porc fumée hachée
- ☐ 2 œufs
- ☐ 50 g de pistaches ☐ 4 clous de girofle
- ☐ une bouteille de Bordeaux
- ☐ une demi-cuillerée à café de quatre épices
- ☐ salade de saison

La préparation de L'Arsenal

■ Poser les faisans désossés sur un linge. Travailler le mélange de collet et de poitrine avec les œufs, les pistaches et les épices afin d'obtenir un appareil très homogène. Rouler le linge ainsi garni en boudin. Ficeler le tout à la manière d'un saucisson.

Couper menu les os de faisan, les faire rissoler pour préparer un fond de gibier. Ajouter le vin et les clous de girofle. Plonger le saucisson, le laisser frémir pendant une heure.

Laisser refroidir au moins une nuit. Enlever le linge et servir en grosses tranches sur une salade.

Vin conseillé: Bordeaux

*P*our préparer la mousseline de foies de volaille, il faut procéder avec la même délicatesse que pour un foie gras. A une différence près : il n'y a pas la matière grasse. Mais ce seront les mêmes épices qui viendront parfumer chaleureusement la mousse que l'on servira en grosses cuillerées sur le piquant d'une salade.

MOUSSELINE DE FOIE DE VOLAILLE

VOTRE MARCHÉ POUR QUATRE PERSONNES
- [ ] 200 g de foies de volaille
- [ ] 50 g d'oignons
- [ ] 100 g de beurre
- [ ] une prise de thym
- [ ] une cuillerée à soupe de fines herbes hachées
- [ ] une prise d'épices à foie gras

La préparation de L'Arsenal

■ Emincer les oignons. Les mettre à dorer dans un peu de beurre. Ajouter les foies de volaille, les herbes et le thym. Attendre la coloration. Laisser tiédir. Passer le tout au mixer en incorporant le beurre coupé en petits dés. Relever, si possible, de quelques pincées d'épices à foie gras. Laisser reposer au moins trois heures au froid. Cette mousseline se découpe à la cuillère, comme le foie gras. Ne pas oublier de tremper la cuillère dans l'eau chaude avant de servir.

Vin conseillé: Gewurztraminer

*L*e pâté est une institution
en Alsace. Au XVIIIe siècle, ils
étaient fort délicats, agrémentés
de fruits, d'épices diverses. Pour
cette terrine aux parfums
d'automne, aux couleurs tendres
et délicates, il faut choisir de
petits morceaux de viande, ceux
qui longent les os, là où le goût
est le meilleur. La macération
dans une marinade relevée, les
effluves des épices vont donner
à ce plat une forte personnalité.
Servir au naturel, froid,
éventuellement avec un coulis
d'airelles. C'est une entrée à la
fois corsée et légère.

TERRINE DE GIBIER AUX ŒUFS DE CAILLE

VOTRE MARCHÉ POUR DIX PERSONNES
- [ ] 600 g d'échine de porc
- [ ] 300 g d'épaule de lièvre désossée
- [ ] une botte de cerfeuil
- [ ] une demi-bouteille de vin blanc
- [ ] 10 œufs de caille
- [ ] 6 cailles désossées
- [ ] laurier, thym, genièvre.
- [ ] salade de saison

La préparation de L'Arsenal

■ Mettre la viande de porc et le lièvre à mariner toute une nuit dans le vin et le cerfeuil. Hacher en farce. Durcir les œufs de caille pendant dix minutes. Mettre dans une terrine une couche de farce, la moitié des cailles désossées, les œufs de cailles écalés entourés d'un peu de farce, le reste des cailles et le reste de farce. Poser une feuille de laurier, une branche de thym et quelques baies de genièvre sur le dessus. Cuire à four chaud et au bain-marie pendant 50 minutes. Servir froid, en entrée, avec une salade de saison.

A L'Arsenal, on joue la
cohabitation des extrêmes : les
pieds et la cervelle de porc. La
cervelle offre aux pieds ce que
le beurre apporte à une
omelette : une douce
onctuosité. Désosser les pieds,
pocher la cervelle, glisser le tout
dans une terrine, la gelée se
fera d'elle-même par la grâce
des cartilages. Servir avec une
vinaigrette.

TERRINE DE PIEDS ET DE CERVELLE

VOTRE MARCHÉ POUR QUATRE A SIX PERSONNES
- [ ] 5 pieds de porc coupés
- [ ] 5 cervelles de porc
- [ ] un demi-litre de vin blanc
- [ ] carottes, celeri, navets, persil, cerfeuil, oignons,
- [ ] câpres
- [ ] cornichons

La préparation de L'Arsenal

■ Blanchir et refroidir puis cuire pendant deux heures et demie les pieds de porc avec les légumes, le vin blanc et le bouquet garni. Faire dégorger les cervelles dans de l'eau vinaigrée. Les cuire pendant un quart d'heure. Disposer dans une grande terrine les pieds de porc décortiqués, les légumes de cuisson, les câpres et les cornichons émincés, les cervelles de porc découpées en petits cubes, le fond de cuisson des pieds de porc. Ce fond aura été passé à l'étamine et devra tout juste recouvrir les ingrédients. Bien mélanger le tout. Mettre au frais pendant quatre heures avant de déguster, relevé d'une vinaigrette.

*S*ur la carte, il parade en première ligne. Et pourtant, c'est un reste… Ah ! mais oui, dit Tony, sourire gourmand, mine de conteur. Si l'on dit pot-au-feu, on pense grand-mère, n'est-ce pas ?.. Eh bien voilà, quand grand-mère avait vu trop grand et que la tablée avait calé, repue, on gardait tout. Dans la grande marmite, viande et légumes soigneusement dégraissés, refroidissaient lentement, jusqu'à faire bloc, toutes saveurs confondues. Puis, découpé en belles tranches, bien dressé sur un plat, rehaussé de raifort, translucide dans sa gelée naturelle, le nouveau mets, mi-salade, mi-entrée, faisait les frais d'un nouveau régal.

Aujourd'hui, quand Jean-Louis fait un pot-au-feu, il le regarde avec les yeux de grand-mère et voit grand. Puis il laisse refroidir, patiemment. Parfois, pour le plaisir, il le détaille en gros carrés qu'il offre, en guise d'ouverture, à l'apéritif.

POT-AU-FEU EN GELEE

VOTRE MARCHÉ POUR DIX PERSONNES
- [ ] un kg de jarret de bœuf
- [ ] un gros oignon
- [ ] un poireau
- [ ] 200 g de carottes
- [ ] un bouquet garni
- [ ] 5 gousses d'ail
- [ ] quelques feuilles de gélatine
- [ ] raifort râpé (facultatif)

La préparation de L'Arsenal

■ Préparer le pot-au-feu de façon traditionnelle en écumant souvent en cours de cuisson afin d'obtenir un bouillon très clair. Couper viande et légumes en tranches fines. Mettre dans une terrine en jouant avec les couleurs sans oublier de toujours séparer les couches de viande avec les légumes. Au besoin, disposer quelques tomates au milieu. Renforcer le bouillon de bœuf avec les feuilles de gélatine. Napper la terrine de cette gelée tiédie. Mettre au frais pendant au moins trois heures.

Vin conseillé: Sylvaner

L e régal du marinier ! Voilà en tout cas un plat facile à préparer et tout à fait rafraîchissant, à savourer en été. Bien dégraissée - il faut qu'elle perde environ un quart de son poids - l'anguille est mise à mariner dans du vinaigre chaud agrémenté de coriandre, de genièvre, d'ail, d'oignon. Surtout, l'oublier. Il faut que l'alchimie se fasse. Manger froid avec une salade verte toute simple.

ANGUILLE MARINEE
A L'ALSACIENNE

VOTRE MARCHÉ POUR QUATRE PERSONNES
- ☐ 800 g d'anguille
- ☐ 3 oignons
- ☐ 3 cuillerées à soupe d'huile
- ☐ 20 cl de vinaigre de plantes
- ☐ 20 cl de vin blanc sec
- ☐ 10 grains de poivre noir écrasés
- ☐ une gousse d'ail
- ☐ quelques baies de genièvre et grains de coriandre

La préparation de L'Arsenal

■ Faire colorer à feu vif les anguilles débarrassées de leur peau et coupées en tronçons de 5 cm, puis les rondelles d'oignons. Jeter l'excédent d'huile, déglacer au vinaigre. Mettre en cuisson avec un demi litre d'eau, le vin blanc, l'ail et les aromates. Après vingt minutes, débarrasser le tout dans une terrine. Laisser mariner au moins 24 heures. Servir avec une salade verte.

Vin conseillé: Sylvaner

*L*e presskopf, c'est une terrine, une sorte de pâté. Il faudra du temps, mais c'est cela aussi la cuisine. Saisis à la poêle, les filets seront ensuite pochés, retirés du bouillon et dépouillés de leurs arêtes. C'est du travail, mais ensuite, quel plaisir de déguster sans se soucier des arêtes. Mettre les filets dans une terrine en alternant avec les légumes. Très important : il faut laisser refroidir après chaque couche. Cette entrée toute simple ira parfaitement avec un coulis de tomate.

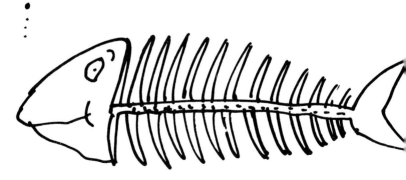

PRESSKOPF DE SANDRE

VOTRE MARCHÉ POUR SIX A HUIT PERSONNES
- [ ] un kg de filets de sandre
- [ ] 3 carottes
- [ ] un demi-céleri rave
- [ ] une botte de cerfeuil
- [ ] une botte de ciboulette
- [ ] un oignon
- [ ] thym, laurier, clous de girofle
- [ ] 20 feuilles de gélatine
- [ ] une demi-bouteille de vin blanc
- [ ] salade frisée

La préparation de L'Arsenal

■ Préparer le court-bouillon en mettant à bouillir dans un litre d'eau les légumes taillés en bâtonnets, l'oignon émincé, le vin blanc et les aromates. Saisir à la poêle, pocher tout doucement les filets de sandre dans le court-bouillon en veillant bien à ne pas faire bouillir, ce qui pourrait troubler le fond et donner une gelée opaque. Garnir une terrine d'un lit de salade frisée, y déposer filets de poisson et légumes en couches successives en prenant soin d'alterner les couleurs. Renforcer le bouillon avec la gélatine, verser sur la terrine. Laisser reposer au frais pendant au moins trois heures.

Vin conseillé: Riesling

*V*enir à bout d'une carpe frite, voilà qui demande du monde à table. Mais la ménagère d'hier savait tirer parti des restes. Trempés dans du vinaigre chaud aromatisé, les morceaux de friture se transforment totalement, réveillent les papilles et font merveille sur une salade verte. Ne pas oublier, bien sûr, d'ôter les arêtes...

SALADE DE CARPE FRITE

VOTRE MARCHÉ POUR QUATRE PERSONNES
- ☐ 1 kg de carpe
- ☐ 2 œufs
- ☐ 100 g de semoule de blé fine
- ☐ un demi-litre de bière
- ☐ un verre de vinaigre
- ☐ feuilles de laurier
- ☐ salade de pissenlit

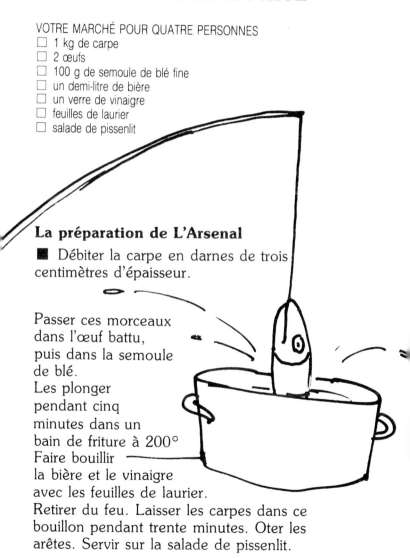

La préparation de L'Arsenal

■ Débiter la carpe en darnes de trois centimètres d'épaisseur.

Passer ces morceaux dans l'œuf battu, puis dans la semoule de blé.
Les plonger pendant cinq minutes dans un bain de friture à 200°
Faire bouillir la bière et le vinaigre avec les feuilles de laurier.
Retirer du feu. Laisser les carpes dans ce bouillon pendant trente minutes. Ôter les arêtes. Servir sur la salade de pissenlit.

Vin conseillé: Sylvaner

*L*es ingrédients sont simples: des lentilles pochées dans le bouillon où l'on a fait cuire le jambonneau. Le truc, c'est l'assaisonnement de la salade qui, sans tuer la saveur, doit être très relevé : raifort, moutarde, vinaigre. Au dernier moment, ajouter trois petits oignons coupés en fins morceaux : la salade n'en sera que plus croquante. Servir avec de bonnes tranches de jambonneau.

SALADE DE LENTILLES AU JAMBONNEAU

VOTRE MARCHÉ POUR QUATRE PERSONNES
- ☐ 400 g de lentilles
- ☐ 2 gros jambonneaux
- ☐ un demi-litre de vin blanc
- ☐ un oignon piqué de clous de girofle
- ☐ 2 carottes
- ☐ thym, laurier
- ☐ une cuillerée à soupe de raifort
- ☐ un verre et demi de crème fraîche

La préparation de L'Arsenal

■ Cuire les jambonneaux dans une grande quantité d'eau avec le vin blanc et la garniture aromatique. L'ébullition ne doit pas être trop forte : il faut un léger frémissement pendant deux heures et demie. Les lentilles, mises à tremper pendant une nuit, seront cuites dans moitié eau, moitié fond de cuisson des jambonneaux.

Servir les lentilles tièdes et bien égouttées, assaisonnées d'une vinaigrette relevée. Présenter le jambonneau coupé en tranches avec une sauce au raifort froide, obtenue en mélangeant le raifort et la crème fouettée.

*S*i vous ne le savez pas, Tony saura vous le dire : le navet n'est insipide qu'au cinéma. Ce petit légume rond, blanc nacré ou rosé, est même une merveille : il est bourré de vitamines. Il serait donc parfaitement stupide de le mépriser, surtout au cœur de l'hiver quand la saison bat son plein et que les navets se sont bien imprégnés de la fermentation comme la choucroute. Il convient tout de même, recommande Tony, de les rendre moins agressifs. La méthode est simple : il suffit de les ébouillanter dans un bouillon. Puis on laisse tiédir et on les mélange, dans une bonne vinaigrette, avec quelques feuilles de salade verte. Pour passer à table, on pare cette salade de quelques lichettes de quenelles de foie de veau rissolées au beurre. Surprenant ? Délicieux.

SALADE DE NAVETS SALES AUX QUENELLES DE FOIE

VOTRE MARCHÉ POUR QUATRE PERSONNES
- [ ] 200 g de foie de veau
- [ ] 200 g de navets salés
- [ ] 10 g de beurre
- [ ] 2 oignons
- [ ] un œuf
- [ ] 2 cuillerées à soupe de semoule de blé fine
- [ ] vinaigrette moutardée
- [ ] salade frisée, oignon

La préparation de L'Arsenal.

■ Broyer le foie au mixer. Ajouter les oignons émincés revenus au beurre, l'œuf et la semoule. Dès que cette pâte a de la consistance, la plonger cuillerée par cuillerée dans une casserole d'eau frémissante légèrement salée.

Plonger les navets salés dans de l'eau bouillante pendant deux minutes. Les égoutter et les mélanger rapidement, à parts égales, avec une salade frisée bien relevée de vinaigrette moutardée. Dresser sur une assiette, poser quelques quenelles de foie rissolées au beurre; décorer de rondelles d'oignon.

Vin conseillé: Riesling

*I*mpératif : la choucroute doit être crue. Il convient d'abord de la laver, un œil sur le calendrier. Si l'on est en septembre, la prendre nature, telle qu'elle se présente. En octobre ou novembre, il suffira de la passer à l'eau une seule fois, mais renouveler l'opération au moins une deuxième fois si l'envie vous prend de cette salade plus tard dans l'année. Tout dépend en effet du degré de fermentation. Mais attention, il faut de la mesure. C'est qu'il ne faudrait pas rendre la chose insipide. On aura d'ailleurs pris soin de réserver un peu d'eau de fermentation pour la mêler à la vinaigrette, qu'il faudra consistante, relevée, fouettée de quelques grains de cumin. Toujours prendre deux huiles et deux sortes de vinaigre. Mêler la salade avec des feuilles de salade verte frisée. Se déguste nature ou avec du cervelas rôti. Pourquoi ? Parce que c'est la saucisse la plus simple, celle qui a toujours les suffrages des plus petits, celle qui a le pouvoir magique d'éveiller les souvenirs d'enfance.

SALADE DE CHOUCROUTE CRUE AUX CERVELAS ROTIS

VOTRE MARCHÉ POUR QUATRE PERSONNES
- [ ] 200 g de choucroute crue
- [ ] une belle salade frisée
- [ ] un verre de vinaigrette
- [ ] une cuillerée à soupe de moutarde
- [ ] 4 cervelas
- [ ] une cuillerée à café de cumin
- [ ] oignons, cerfeuil

La préparation de L'Arsenal

■ Mêler la choucroute crue à la salade. Assaisonner de vinaigrette relevée de moutarde forte.

Dresser les cervelas rôtis sur ce lit de salade. Poser sur le tout des rondelles d'oignons, saupoudrer de cumin et de cerfeuil haché.

Si Tony et Jean-Louis s'avisaient d'ôter de la carte la salade de crêpes, dites crêpes grand-mère ou, pour parler haut-rhinois, fleischschnackle (escargots de viande), quelque chose vacillerait à L'Arsenal. Pas tout à fait son âme, mais presque. En un mot, ce serait la consternation, tant ces crêpes sont indissociables de l'histoire de la maison.

C'est une entrée ou un plat du soir ou encore un accompagnement de l'apéritif. Ça ne bourre pas comme les canapés - qui ne sont jamais que du pain avec quelque chose dessus - mais ça nourrit.

De bons légumes, de bonne viande.

SALADE DE CREPES GRAND-MERE

VOTRE MARCHÉ POUR QUATRE A SIX PERSONNES
- [ ] 200 g de viande cuite de pot-au-feu avec ses légumes
- [ ] 3 œufs
- [ ] un demi-bouquet de cerfeuil
- [ ] un verre de crème
- [ ] une cuillerée à soupe de graisse d'oie

Pour les crêpes :
- [ ] 200 g de farine
- [ ] 4 œufs
- [ ] 3 verres de lait
- [ ] 3 verres de bière
- [ ] sel, poivre
- [ ] un demi-bouquet de cerfeuil

La préparation de L'Arsenal

■ Préparer les crêpes de manière traditionnelle. Laisser refroidir. Mixer la viande de pot-au-feu tiède avec les légumes. Ajouter les œufs, un peu de sel et de poivre, les fines herbes et, en tout dernier, le verre de crème. Bien mélanger.

Etaler cette farce à la spatule sur chaque crêpe, les rouler et laisser quelques heures au froid. Couper en rondelles. Mettre à rissoler à la poêle dans un peu de graisse d'oie.

Servir sur une salade verte.

Vin conseillé: Pinot blanc   43

*Aux oreilles de porc !
s'étonnent parfois certains
convives. C'est qu'en Alsace, on
ne laisse rien perdre, rétorque
Tony faussement doctoral : la
queue de cochon, mais aussi les
oreilles… Et puis, en forme de
confidence : certains aiment, à
cause du cartilage. Tenez, le
Strasbourgeois prendra une tête
de veau mais jamais il n'oubliera
de préciser, avec beaucoup
d'oreille.*

*Une invention de L'Arsenal ?
Non, non, précise Tony, une
vieille recette alsacienne,
découverte dans les livres d'hier.
Mais le patron de L'Arsenal y
va quand même de son petit
secret : pour bien caraméliser
les oreilles, il faut jeter une
pomme émincée au dernier
moment, quand ça grésille.*

SALADE D'ENDIVES BRAISEES AUX OREILLES DE PORC CONFITES

VOTRE MARCHÉ POUR QUATRE PERSONNES
- [ ] 5 oreilles de porc
- [ ] 100 g de saindoux
- [ ] toutes les herbes de Provence
- [ ] 2 litres de fond blanc de veau
- [ ] 12 endives [ ] 2 oignons
- [ ] un litre de bouillon de légumes
- [ ] une pomme émincée
- [ ] salade de saison, vinaigrette

La préparation de L'Arsenal

■ Laver soigneusement les oreilles de porc. Bien les gratter. Les poser dans une terrine en les saupoudrant de gros sel, d'herbes aromatiques et de poivre noir écrasé. Laisser au frais pendant 48 heures.
Ce temps écoulé, sortir les oreilles, les laver et les mettre à cuire deux heures dans le fond blanc obtenu en mettant à l'eau bouillante salée pendant une bonne heure quelques os de veau, les carottes, le céleri, les oignons et le bouquet garni. Lorsque les oreilles sont cuites, ôter les parties les plus dures avant de couper en petits cônes. Laisser confire dans le saindoux à petit feu jusqu'à ce que les oreilles deviennent bien brunes et croustillantes.
Disposer les endives nettoyées sur un lit d'oignons à peine dorés. Mouiller avec le bouillon. Couvrir. Laisser cuire pendant une trentaine de minutes. Dresser les endives sur un lit de salade. Poser sur le tout les oreilles confites.

Vin conseillé: Muscat

L'escargot est arrivé un
beau jour à table, amené
tranquillement par un moine-
cuisinier qui, pour respecter la
règle de Carême, n'avait pas
moins en tête d'améliorer
l'ordinaire. Et il en savait des
choses, ce moine bon vivant.
Notamment que les meilleurs
escargots se pavanaient dans les
vignes ou les houblonnières.
A L'Arsenal, il n'y a pas de
moines à notre connaissance
mais on sait y traiter l'escargot
qui débarque sur la table sans
coquille mais plongé dans une
soupe crémée, onctueuse, servie
bien chaude.

SOUPE D'ESCARGOTS A LA CREME D' AIL

VOTRE MARCHÉ POUR QUATRE PERSONNES
- [ ] un litre de bouillon de volaille
- [ ] 2 verres de crème fraîche
- [ ] 50 g de beurre
- [ ] 4 douzaines d'escargots
- [ ] un gros oignon
- [ ] 3 carottes
- [ ] 2 poireaux
- [ ] 10 gousses d'ail
- [ ] une demi-botte de cerfeuil
- [ ] petits croûtons

La préparation de L'Arsenal

■ Faire étuver les légumes et les escargots dans le beurre. Mouiller avec le fond de volaille. Ajouter l'ail finement haché. Laisser cuire pendant trente minutes en surveillant: il faut ajouter la crème après la première ébullition. Servir en agrémentant de petits croûtons frits et de cerfeuil haché.

*L*endemain de fête ? Petits problèmes d'estomac ? Mais pour autant pas envie de jeûner ? Tony a la recette, celle qui pouvait remettre un village entier sur pied au lendemain d'un mariage ou d'autres agapes : la soupe de queue de bœuf au roux de farine, qui n'est autre qu'un consommé lié, apaisant en cas de surcharge de l'estomac et, ce qui ne gâte rien, pas désagréable pour autant au palais.

SOUPE DE QUEUE DE BŒUF LIEE

VOTRE MARCHÉ POUR SIX PERSONNES
- [ ] une livre de queue de bœuf
- [ ] un assortiment d'une livre de légumes de pot-au-feu
- [x] 2 verres de vin rouge
- [ ] 2 cuillerées à soupe de farine
- [ ] beurre

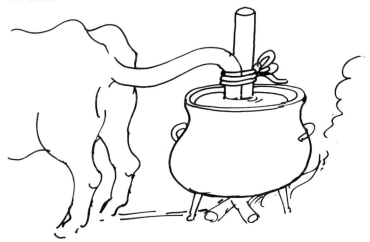

La préparation de L'Arsenal

■ Cuire les morceaux de queue de bœuf en pot-au-feu pendant une heure. Désosser. Garder au chaud.

Mettre la farine à roussir dans une grande casserole. Ajouter le vin rouge. Fouetter vivement. Lier la soupe avec ce mélange. Laisser cuire quelques minutes pour épaissir le tout. Servir très chaud avec les morceaux de queue de bœuf.

Vin conseillé: Pinot blanc

*L*à, Tony joue la surprise. Une soupe de lentilles ? C'est vrai. Voilà qui ne semble pas dire grand'chose. Et pourtant... Qui dit lentilles dit bouillon de cuisson ; bouillon dans lequel on a poché les jambonneaux, palettes, tranches de lard frais ou fumé, saucissons, bref, toutes ces belles et bonnes choses qui, voilà longtemps, bien longtemps, faisaient la principale nourriture des Alsaciens. A tel point que tueurs de porcs, saleurs et charcutiers eurent pendant longtemps les privilèges d'une solide corporation à Strasbourg. L'usage a résisté au temps. Qui s'en plaindrait ?

SOUPE DE LENTILLES AU BOUDIN

VOTRE MARCHÉ POUR SIX PERSONNES
- [ ] 300 g de lentilles
- [ ] 2 boudins
- [ ] une prise d'origan
- [ ] 18 petits croûtons
- [ ] un oignon [ ] 2 gousses d'ail
- [ ] 2 carottes
- [ ] une cuillerée à soupe d'huile
- [ ] un bouquet de persil
- [ ] bouillon de cuisson ou de légumes

La préparation de L'Arsenal

■ Laisser tremper les lentilles toute une nuit.
A défaut d'un vrai bouillon de porc, préparer
un bouillon de légumes. Faire colorer l'oignon
dans un peu d'huile. Mouiller au bouillon.
Ajouter les carottes en rondelles,
les lentilles, l'ail écrasé, l'origan.
Cuire une heure avant
de pocher, environ dix minutes,
le boudin dans cette soupe.
Servir dans de grandes
assiettes creuses
en mettant le boudin,
la soupe, les croûtons.
Parsemer de persil haché.

Vin conseillé: Muscat d'Alsace

Ah ! le kougelhopf ! Tout simple ou aux raisins, saupoudré d'un nuage de sucre, c'est un gâteau, la petite madeleine des Alsaciens devenus grands mais qui n'ont pas tout perdu de leur enfance. Un retour dans les souvenirs que fit un jour Tomi Ungerer à qui Jean-Louis et Tony ont dédié cette recette. Piqué de morceaux de jambon ou de gibier, avec des échalottes et du cerfeuil, il fait une entrée délicieuse.

KOUGELHOPF TOMI UNGERER

VOTRE MARCHÉ POUR HUIT PERSONNES

Pour la pâte :
- ☐ 300 g de farine
- ☐ un verre et demi de lait
- ☐ 100 g de beurre
- ☐ 3 œufs
- ☐ 10 g de levure de boulanger
- ☐ une cuillerée à café de sel
- ☐ une pincée de sucre

Pour la sauce :
- ☐ un verre de vin blanc
- ☐ 2 verres de crème fraîche
- ☐ 300 g de beurre
- ☐ 3 grosses cuillerées à soupe de moutarde à l'alsacienne
- ☐ une botte de cerfeuil

Pour la farce :
- ☐ 300 g de jambon braisé
- ☐ 200 g de porc haché
- ☐ 2 œufs
- ☐ 2 belles échalottes émincées
- ☐ un bouquet de cerfeuil haché
- ☐ une pointe d'ail ☐ sel, poivre
- ☐ une pincée de quatre épices
- ☐ 2 verres de vin blanc

La préparation de L'Arsenal

■ Mettre la farine en fontaine. Ajouter les œufs, le lait, la levure, le sel et le sucre. Bien pétrir. Quand le mélange est homogène, incorporer petit à petit le beurre en pommade. Laisser reposer le tout une heure au froid. Emincer le jambon en fines lamelles. Le mélanger avec tous les ingrédients de la farce. Etaler la pâte au rouleau à un centimètre d'épaisseur environ. La poser délicatement dans le moule à kougelhopf. Le remplir de farce. Recouvrir le tout de pâte. Cuire 50 minutes à four chaud.

Préparation de la sauce : faire réduire le vin blanc, de préférence dans une casserole en inox. Ajouter la crème fraîche. Après ébullition, mettre le beurre en petits morceaux en fouettant vivement. Ajouter la moutarde au dernier moment, après assaisonnement. Parsemer de cerfeuil haché au moment de servir.

Vin conseillé: Edelzwicker

C'était au temps de la gloire des brasseurs, avant l'automatisation, quand il fallait savoir le matin casser une croûte arrosée de bière, la meilleure, la première du jour. Il faut pocher les pieds de porc, les désosser. On rassemble le tout dans une terrine et on coupe en grosses tranches, qu'il faut ensuite glisser au four et laisser rissoler. Réduire le bouillon relevé et le transformer, en le mêlant au fond bien caramélisé dans lequel ont rôti les pieds de porc, en une sauce très goûteuse.
Eh oui ! les brasseurs aimaient les choses de la vie...

PIEDS DE PORC
A LA BIERE

VOTRE MARCHÉ POUR QUATRE PERSONNES
- [ ] 6 pieds de porc
- [ ] 2 oignons
- [ ] une carotte
- [ ] un bouquet garni
- [ ] 3 verres de bière brune
- [ ] ciboulette émincée
- [ ] 200 g de chapelure
- [ ] 3 cuillerées à soupe de moutarde
- [ ] saindoux

La préparation de L'Arsenal

■ Cuire les pieds de porc pendant trois heures dans un bouillon fortement aromatisé. Laisser tiédir. Désosser. Mettre dans une terrine rectangulaire avec quelques cuillerées de bouillon. Laisser reposer au froid pendant une demi-journée. Couper de belles tranches de cette préparation. Les badigeonner légèrement de moutarde avant de les presser fortement dans une assiette creuse de chapelure. Faire chauffer le saindoux dans une poêle. Cuire rapidement les tranches panées des deux côtés. Réserver au chaud

Préparation de la sauce : Dans cette poêle, faire réduire la bière jusqu'à obtenir une consistance sirupeuse. Ajouter 3 verres de fond de cuisson des pieds de porc et réduire le mélange à feu vif pendant cinq minutes. Parsemer de ciboulette.

Boisson conseillée: Bière

Tout est dans la vinaigrette qui, bien relevée, sera liée avec un jaune d'œuf. L'œuf doit être mollet et le mélange, battu vigoureusement, se fait hors de la chaleur. Ajouter quelques oignons et cornichons finement hachés, des lamelles de blanc d'œuf dur et napper les languettes de porc cuites au bouillon de légumes. L'intérêt de cette entrée chaude, c'est le contraste des saveurs.

LANGUETTES DE PORC VINAIGRETTE

VOTRE MARCHÉ POUR QUATRE PERSONNES
- ☐ 4 languettes de porc
- ☐ 2 carottes
- ☐ une gousse d'ail
- ☐ un oignon piqué de girofle
- ☐ sel, poivre, une branche de thym
- ☐ vin blanc

Pour la vinaigrette:
- ☐ 2 œufs
- ☐ un verre d'huile
- ☐ un demi-verre de vinaigre de vin
- ☐ 2 cuillerées à soupe de moutarde
- ☐ une cuillerée à soupe de câpres
- ☐ 50 g de cornichons

La préparation de L'Arsenal

■ Cuire les languettes dans un bouillon fait avec les légumes, les aromates et le vin blanc pendant une heure. Oter la peau. Couper en lamelles. Cuire les œufs pendant six minutes. Les jaunes, mollets, serviront à monter une vinaigrette liée à laquelle seront ajoutés les câpres, les cornichons et les blancs d'œuf. Napper les assiettes de cette sauce. Disposer les languettes.

*U*ne fois sur table, ce plat aura une légère touche de luxe. Comme il est délicat, il sera aussi agréable à l'œil qu'au goût. Sous la pâte très fine, aromatisé de raifort, le filet baigne dans son flan savoureux, comme un petit pâté chaud riche de mille senteurs.

TOURTE DE TRUITE FUMEE AU RAIFORT

VOTRE MARCHÉ POUR SIX A HUIT PERSONNES
- [ ] 400 g de pâte feuilletée
- [ ] 6 filets de truite fumée
- [ ] une cuillerée à soupe de raifort
- [ ] persil, cerfeuil, ciboulette

Pour le flan :
- [ ] 3 œufs battus
- [ ] un verre de crème fraîche
- [ ] sel, poivre
- [ ] une pointe de noix de muscade

La préparation de L'Arsenal

■ Etaler la pâte feuilletée. Garnir un moule à tarte. Laisser reposer au frais. Piquer la pâte à la fourchette. Poser la moitié des filets de truite. Badigeonner de raifort, couvrir d'herbes fraîches hachées. Refaire l'opération une deuxième fois. Recouvrir de pâte feuilletée en soudant bien les bords. Décorer le dessus à la fourchette. Laisser une petite ouverture au centre.

Après 30 minutes de cuisson à four chaud, verser les ingrédients du flan bien mélangés dans la cheminée. Remettre au four un bon quart d'heure.

Vin conseillé: Klevener de Heiligenstein

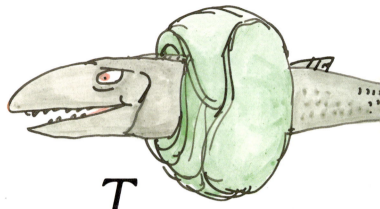

*T*out est dans le mélange :
la saveur caractéristique du chou
et la douceur ferme de la chair
du brochet, poisson-roi. Surtout,
ne pas oublier de ne prendre
que les feuilles les plus tendres,
meilleures au goût, qui, de plus,
resteront croquantes une fois
blanchies. Et puis, dans la
bonne tradition alsacienne, il ne
faudra rien jeter. Car le bouillon
de cuisson, adouci d'une lichette
de crème, deviendra une sauce
au goût particulier mais
attachant.

BROCHET AU CHOU VERT

VOTRE MARCHÉ POUR QUATRE PERSONNES
- ☐ 400 g de filets de brochet
- ☐ 2 verres de crème fraîche
- ☐ un œuf ☐ une branche de thym
- ☐ 2 belles carottes coupées en julienne
- ☐ un petit chou vert frisé
- ☐ une cuillerée à soupe d'échalottes hachées
- ☐ un verre de vin blanc sec

Pour la sauce :
- ☐ un verre de crème ☐ un demi-jus de citron
- ☐ 200 g de beurre ☐ sel, une pointe de poivre de Cayenne

La préparation de L'Arsenal

■ Blanchir les grandes feuilles de chou. Les égoutter, les poser à plat sur un linge. Passer la moitié des filets crus de brochet au mixer, ajouter l'œuf, le sel, le thym, le poivre et, au dernier moment, la crème fraîche. Mélanger cette farce au reste de brochet coupé en cubes. Garnir les feuilles. Prendre soin de bien refermer le tout. Mettre l'échalotte et les carottes dans le fond d'un plat beurré. Ajouter le vin blanc, les feuilles de chou farcies, mettre à four chaud pendant 15 à 20 minutes.

Préparation de la sauce: Faire réduire la crème dans une casserole en inox avec quelques cuillerées de bouillon de cuisson. Incorporer, en fouettant vivement et hors du feu, le beurre, le citron et l'assaisonnement.

Dresser les choux sur des assiettes tièdes, les recouvrir de la julienne de carottes, napper de sauce.

Vin conseillé: Riesling

L e mariage est délicat mais tout à fait heureux. Mieux encore : il est riche de vertus. La sauge a en effet plus d'une qualité. Là, ce sont les filets de perche qui vont capter ses bienfaits et son parfum. Servir avec des pommes de terre en robe des champs que l'on se gardera de peler pour ne pas perdre les vitamines.

FILETS DE PERCHE A LA VAPEUR DE SAUGE

VOTRE MARCHÉ POUR QUATRE PERSONNES
- ☐ 4 filets de perche
- ☐ un oignon émincé
- ☐ un bouquet de sauge
- ☐ un verre de crème épaisse
- ☐ une livre de pommes de terre

La préparation de L'Arsenal

■ Dans une marmite à vapeur, faire bouillir deux litres d'eau, l'oignon émincé et les queues du bouquet de sauge. Disposer les pommes de terre dans le compartiment supérieur, les laisser cuire pendant trente minutes.

Parsemer quelques feuilles de sauge sur les filets de perche, les rouler et les poser sur les pommes de terre où ils cuiront pendant vingt minutes. Dresser sur un plat, les entourer de pommes de terre et napper de crème fraîche.

Vin conseillé: Riesling

L'image traditionnelle impose la choucroute ployant sous les viandes et la charcuterie. Mais ce serait trop injuste d'oublier l'autre choucroute, celle aux poissons, qui n'a certainement jamais mérité d'être mise à l'écart. Il est vrai qu'autrefois on utilisait, pour la préparer, des poissons salés ou séchés, produits aujourd'hui introuvables. Mais nous avons les poissons fumés et, franchement, le goût final ne s'en ressent pas. C'est une vieille, très vieille recette alsacienne. A L'Arsenal, on en connaît même une qui date de 1834. C'est dire !

CHOUCROUTE AUX POISSONS FUMES

VOTRE MARCHÉ POUR QUATRE PERSONNES

- ☐ 50 g de graisse d'oie
- ☐ 2 gros oignons émincés
- ☐ 2 gousses d'ail
- ☐ 2 verres de vin blanc
- ☐ 1 kg de choucroute
- ☐ sel, poivre
- ☐ une feuille de laurier
- ☐ une branche de thym
- ☐ 4 belles pommes de terre

Pour la sauce :
- ☐ 2 verres de vin blanc
- ☐ une cuillerée à soupe d'échalotes hachées
- ☐ 2 verres de crème fraîche
- ☐ 200 g de beurre
- ☐ une pointe de poivre de Cayenne

Poissons :
- ☐ 2 truites fumées
  (ou 4 filets de truite)
- ☐ un maquereau fumé
- ☐ 4 foies de morue fumés
- ☐ 4 sprats
- ☐ 300 g d'anguille fumée

La préparation de L'Arsenal

■ Colorer très légèrement l'oignon émincé dans la graisse d'oie. Ajouter l'ail, le vin blanc, la choucroute. Compléter l'assaisonnement. Mettre à four doux une heure et quart. Poser les pommes de terre coupées en quatre sur la choucroute. Remettre à cuire une vingtaine de minutes. Disposer alors les poissons sur le tout et terminer par dix minutes de cuisson. Pour le service, bien égoutter la choucroute. Napper d'un beurre blanc.

Préparation de la sauce : Réduire le vin blanc et l'échalote. Ajouter la crème. Cuire quelques minutes. Incorporer le beurre, le sel et les épices hors du feu en fouettant vivement.

Vin conseillé: Riesling

*C*omme le titre de ce plat l'indique, il faut trois sortes de poisson, perche, sandre et truite - saumonée de préférence - parce qu'ils sont de la région depuis longtemps. Savez-vous qu'au début du XIIIᵉ siècle, on ne comptait pas moins de mille cinq cents pêcheurs sur l'Ill ?

Toutes les espèces alors foisonnaient : carpes, brochets, anguilles, tanches, lottes... A tel point que la réputation de Strasbourg eut tôt fait de se répandre. Ils *(les Alsaciens)* sont excellans cuisiniers, notamment de poisson... *consignait Montaigne, de retour de voyage en 1580. Voilà comment se fait une tradition. Tradition que L'Arsenal préserve avec ce plat.*

TROIS POISSONS
DE RIVIERE EN CROUTE

VOTRE MARCHÉ POUR SIX PERSONNES
- ☐ 300 g de pâte feuilletée
- ☐ 300 g de filets de perche
- ☐ 300 g de filets de sandre
- ☐ 300 g de filets de truite saumonée
- ☐ 3 œufs
- ☐ 2 verres de crème fraîche
- ☐ sel, poivre

La préparation de L'Arsenal

■ Passer les filets de perche et de sandre au mixer. Dès que le mélange est homogène, ajouter les œufs et l'assaisonnement. Au dernier moment, faire couler la crème tout doucement dans le mixer à allure réduite pour bien lier cette farce à laquelle on rajoute les filets de truite débités en petits cubes.

Entourer le tout de pâte feuilletée.
Bien souder les bords.
Badigeonner de jaune d'œuf.
Cuire à four chaud pendant
40 minutes.
Sauce : un beurre blanc.

Au XVe siècle, les aubergistes de la région réservaient pour Carême des repas exclusivement composés de poisson. Mais n'allez pas penser qu'il faut attendre Carême pour vous régaler de ce millefeuille. Il y faut du doigté, mais la récompense est au bout de la patience. Ne serait-ce que pour savoir intervenir à temps : quand la pâte gonfle, craquelle à peine. Une affaire de respect : les deux produits, sandre et écrevisse, sont délicats, vivent au lit de la même rivière et entendent que soit respectée leur bonne et vieille habitude de faire excellent ménage.

MILLEFEUILLE DE SANDRE

VOTRE MARCHÉ POUR QUATRE PERSONNES
- ☐ 400 g de filets de sandre
- ☐ 250 g de pâte feuilletée
- ☐ une cuillerée à soupe d'échalottes hachées
- ☐ 100 g de champignons hachés
- ☐ 300 g de coulis d'écrevisse
- ☐ 2 verres de crème fraîche
- ☐ 2 cuillerées à soupe de marc de Gewurztraminer

La préparation de L'Arsenal

■ Etaler huit rectangles de pâte feuilletée de 5 cm sur 8 environ. Disposer successivement les échalottes, les champignons et les filets de sandre sur quatre millefeuilles. Recouvrir de pâte. Cuire à four chaud pendant dix minutes.

Préparation de la sauce : Faire fondre le coulis avec un peu d'eau. Crémer. Au dernier moment, ajouter le marc.

Servir avec des légumes frais : haricots verts, carottes nouvelles ou choux-fleurs.

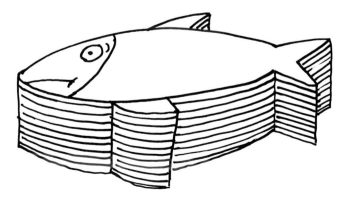

Vin conseillé: Pinot blanc

Ne manger de poisson d'eau douce qu'au mois où reverdit la mousse, jusqu'à l'époque où, dans les bois, on entend des chiens aux abois...
dit le proverbe alsacien.

Voilà qui laisse tout de même une marge pour s'adonner au délice de cette papillote. L'astuce ? Un papier.
Un tout petit papier sulfurisé dans lequel on va emprisonner - pour son bonheur - le filet de truite. Un peu de beurre pour la douceur.

Un rien d'herbes pour la saveur. Et voilà ! Ce sera une entrée tout- à-fait simple mais plutôt rare.

PAPILLOTE DE TRUITE SAUMONEE

VOTRE MARCHÉ POUR QUATRE PERSONNES
- ☐ 600 g de filets de truite
- ☐ 2 cuillerées à soupe d'échalotes hachées
- ☐ 2 cuillerées à soupe d'aneth et de thym frais
- ☐ une cuillerée à soupe de beurre
- ☐ 100 g de champignons émincés

Pour la sauce:
- ☐ un verre de vin blanc
- ☐ 2 verres de crème
- ☐ 100 g de beurre
- ☐ sel, paprika
- ☐ un demi-jus de citron

La préparation de L'Arsenal

■ Beurrer quatre grandes feuilles de papier sulfurisé sur lesquelles on dispose un lit d'échalotes et de champignons, les filets de truite, les herbes, le sel et le poivre. Fermer les papillotes. Cuire à four chaud pendant 20 minutes.

Préparation de la sauce : Réduire presque à sec le vin blanc et une échalote hachée. Ajouter la crème. Après quelques minutes d'ébullition, incorporer le beurre en pommade, hors du feu, en fouettant vivement. Relever de paprika et de jus de citron. Servir cette sauce à part.

Vin conseillé: Riesling

*T*oute la saveur sera donnée
par la marinade de pinot noir.
Faire mijoter, longtemps, dans
un bouillon de légumes baptisé
de pinot noir. Voilà tout à fait le
genre de plat qui, dans la
meilleure des traditions, gagne à
être réchauffé.

TRIPES AU PINOT NOIR

VOTRE MARCHÉ POUR QUATRE PERSONNES
- ☐ 600 g de tripes
- ☐ une bouteille de pinot noir
- ☐ 2 gros oignons
- ☐ 200 g de lardons
- ☐ un bouquet garni
- ☐ un litre de bouillon de légumes
- ☐ 4 grosses pommes de terre

La préparation de l'Arsenal

■ Faire rissoler les oignons et les lardons. Ajouter les tripes, coupées en losanges, le vin, le bouillon de légumes et le bouquet garni. Cuire à couvert dans une terrine pendant deux heures à four chaud. Trente minutes avant la fin de la cuisson, ajouter de gros quartiers de pommes de terre.

Débarrassés de leur peau pour être plus tendres, plus onctueux, les ris de veau passent au bouillon avant d'être caramélisés à la poêle. On déglace au vinaigre de groseille et, au moment de servir, on joue les contrastes dans les bruns et rouges en parsemant les ris de jolis grains de groseilles.

RIS DE VEAU AU VINAIGRE DE GROSEILLE

VOTRE MARCHÉ POUR QUATRE PERSONNES
- [ ] 3 ris de veau
- [ ] une cuillerée d'échalotes hachées
- [ ] une noix de beurre
- [ ] une cuillerée d'huile d'arachide
- [ ] 100 g de groseilles
- [ ] un verre de vinaigre de miel et de plantes
- [ ] 100 g de champignons de Paris émincés

Pour le bouillon :
- [ ] une demi-bouteille de Sylvaner
- [ ] un gros oignon
- [ ] thym, une demi-feuille de laurier, un clou de girofle
- [ ] 2 carottes [ ] un petit poireau

La préparation de L'Arsenal

■ Mettre les ris à tremper dans de l'eau froide légèrement vinaigrée. Préparer le bouillon avec un litre d'eau, le vin, l'oignon, les légumes et les herbes. Parer les ris. Les cuire 20 minutes dans le bouillon. Laisser refroidir puis débiter les ris en petites escalopes. Les mettre à dorer dans une poêle bien chaude avec le mélange beurre-huile. Ajouter les groseilles, les champignons légèrement revenus au beurre, le vinaigre et les échalotes hachées.

Pour obtenir le vinaigre de groseilles : Ebouillanter les groseilles égrappées. Les laisser tremper deux heures dans le vinaigre.

On peut servir ce plat avec les légumes du bouillon, des pommes sautées ou des spaetzele.

*L*a finesse de ce plat vient des champignons qui, préparés en mousseline, protègeront la cuisson de la viande. En effet, à peine rôti, le filet de veau coupé en tranches très fines, en copeaux, est plus ou moins reconstitué dans le plat en intercalant, tous les trois copeaux, un mélange de mousseline de champignons et de foie gras.

Puis on les enfouit dans le four bien chaud.

COPEAUX DE VEAU AUX CHAMPIGNONS DES PRES

VOTRE MARCHÉ POUR SIX PERSONNES
- [ ] un filet mignon
- [ ] 200 g de foie gras
- [ ] 200 g de veau haché
- [ ] 2 verres de crème fraîche
- [ ] un œuf
- [ ] 200 g de champignons des prés
- [ ] un verre de vin blanc sec
- [ ] échalotes émincées
- [ ] 50 g de beurre

La préparation de L'Arsenal

■ Faire rôtir le filet mignon en le tenant bien rosé. Laisser refroidir. Le détailler en dix-huit copeaux.

Préparation de la farce : Passer au mixer le foie gras, le veau et l'œuf. Quand ce mélange est bien lisse, ajouter un verre de crème et les champignons. Repasser au mixer.

Répartir les copeaux en six portions de trois. Pour chaque portion, alterner viande et farce. Faire cuire à four doux pendant 20 minutes sur une plaque garnie d'une cuillerée à soupe d'échalotes émincées et du verre de vin blanc.

Préparation de la sauce : Faire réduire le fond de cuisson de la viande presque à sec. Ajouter le reste de crème fraîche. Cuire cinq minutes. Monter au beurre.

Vin conseillé: Tokay ou Pinot gris

Tout le charme de ce plat tient dans la rencontre entre l'acidité de l'oseille et la viande qui se révèle alors sous un goût tout-à-fait nouveau. Pour éviter un contraste trop fort, et pour que ce plat reste subtil, il faut tempérer avec un peu de crème fraîche. On obtient ainsi un plat aigre-doux plutôt séduisant.

EMINCE DE VEAU
A L'OSEILLE

VOTRE MARCHÉ POUR QUATRE PERSONNES
- ☐ 4 belles escalopes de veau
- ☐ 40 feuilles d'oseille ciselées
- ☐ une cuillerée à soupe d'huile
- ☐ une cuillerée à soupe de beurre
- ☐ un verre de vin blanc
- ☐ 3 verres de crème fraîche
- ☐ 2 échalotes hachées

La préparation de L'Arsenal

■ Détailler les escalopes en fines lamelles. Saler, poivrer et mélanger avec 20 feuilles d'oseille ciselée. Laisser reposer deux heures au frais. Dans une poêle bien chaude, mettre l'huile et le beurre, faire sauter vivement l'émincé. Le réserver au chaud à mi-cuisson. Faire caraméliser les sucs de cuisson. Jeter l'excédent de graisse. Faire colorer les échalotes, déglacer au vin blanc, ajouter la crème et le reste d'oseille. Quand la sauce s'épaissit, remettre la viande à cuire sans ébullition.

Vin conseillé: Pinot blanc

*V*oici l'une des façons les plus élégantes de servir la partie la moins connue du veau. Surtout lorsque l'on sait que la viande est caramélisée avant de mijoter dans un bouillon d'aromates qui marient leurs saveurs pendant tout le temps de cuisson.

TENDRONS DE VEAU AUX OIGNONS NOUVEAUX

VOTRE MARCHÉ POUR QUATRE PERSONNES
- [ ] 4 tranches de tendrons de veau
- [ ] une botte d'oignons nouveaux
- [ ] 2 verres de Sylvaner
- [ ] une cuillerée à soupe d'huile
- [ ] une cuillerée à soupe de beurre
- [ ] sel, poivre
- [ ] quelques feuilles de sauge et d'estragon

La préparation de L'Arsenal

■ Colorer fortement les tendrons dans le beurre et l'huile en les faisant revenir avec les oignons coupés en deux dans le sens de la longueur. Jeter le fond de cuisson. Ajouter le vin blanc et les aromates. Cuire à four chaud une heure environ. Servir avec des pâtes fraîches aux petits croûtons.

Vin conseillé: Pinot blanc

C'est le feu de l'enfer qui ronfle aux cuisines. Les os de la côte de veau sont portés à incandescence et, quand ils rougeoient au fond du caquelon, on y pose la viande dont la graisse s'écoule tout doucement. C'est ainsi que le veau sera rôti tout en restant rosé. Quant au raifort, il ne donnera pas seulement son goût mais aussi toutes ses bonnes vitamines. A condition de l'ajouter hors du feu.

PAVE DE VEAU AU RAIFORT

VOTRE MARCHÉ POUR SIX PERSONNES
- [ ] 1,8 kg de carré de veau désossé et ficelé
- [ ] 2 oignons
- [ ] une carotte
- [ ] 2 tomates
- [ ] 2 verres de vin blanc
- [ ] 2 verres de crème fraîche
- [ ] 3 cuillerées à soupe de raifort
- [ ] un bouquet garni
- [ ] un demi-litre de fond de veau

La préparation de L'Arsenal

■ Demander les os du carré de veau au boucher. Les couper. Les faire rissoler avec les légumes. Poser la viande sur ce fond. Cuire à four très chaud pendant 45 minutes. A mi-cuisson, ajouter les tomates, le vin blanc, le bouquet garni, et un demi-litre de fond de veau.

Préparation de la sauce : Passer le fond de cuisson, le dégraisser. Faire réduire. Crémer. Ajouter le raifort, en fouettant hors du feu pour bien lier. Servir avec des spaetzele au beurre.

Vin conseillé: Kaefferkopf

*P*ourquoi la bière ?
Pour donner tout à la
fois une amertume,
un goût original,
typé sans être trop violent.
Pour que la panure
devienne
aérienne après cuisson.
Evidemment,
il conviendra de bien
choisir la tête de veau qui
devra rester tendre
à merveille,
mais cependant craquante.

TETE DE VEAU PANEE
A LA BIERE

VOTRE MARCHÉ POUR QUATRE PERSONNES
- [ ] 800 g de tête de veau
- [ ] un litre de bouillon de légumes
- [ ] 100 g de chapelure
- [ ] 2 cuillerées à soupe de moutarde
- [ ] une bouteille de bière brune
- [ ] une cuillerée à soupe de purée de tomates
- [ ] 40 g de beurre, 2 cuillerées à soupe d'huile

La préparation de L'Arsenal

■ Cuire la tête de veau pendant une heure et demie dans le bouillon auquel on ajoute la bière. Laisser refroidir. Détailler la tête de veau en grosses tranches. Les enduire légèrement de moutarde et de chapelure. Dorer dans le beurre et l'huile.

Préparation de la sauce : Une partie du fond de cuisson réduit à l'état sirupeux, soutenu par un peu de purée de tomates.

Servir avec des pommes de terre sautées à l'ail.

Au Moyen-Age, l'Alsace se régalait de porc sous forme de viande fraîche ou salée. Qui n'avait son cochon à la maison ? Qui ne voudrait l'avoir aujourd'hui, si l'animal était aussi mignon que celui dessiné par Tomi Ungerer ?... On peut, cependant, toujours trouver quelque chose de mignon dans le porc. Il suffit de le demander au boucher. Et de le laisser quelques heures dans une marinade à la bière. C'est un régal.

MIGNON DE PORC A LA BIERE

VOTRE MARCHÉ POUR QUATRE PERSONNES
- [ ] 800 g de mignons de porc
- [ ] un litre de bière
- [ ] 2 feuilles de laurier
- [ ] un gros oignon émincé
- [ ] une gousse d'ail écrasée
- [ ] 3 cuillerées à soupe de moutarde
- [ ] 100 g de chapelure fine
- [ ] 100 g de beurre
- [ ] une cuillerée à café de concentré de tomate
- [ ] sel, poivre

La préparation de L'Arsenal

■ Faire revenir les mignons et l'oignon à feu vif, saler, poivrer largement, ajouter la bière, la gousse d'ail et les feuilles de laurier. Porter à ébullition. Laisser reposer une nuit au frais. Garder la marinade de cuisson.

Couper les mignons en tranches larges. Les enduire légèrement de moutarde au pinceau, les passer à la chapelure. Cuire une minute de chaque côté dans du beurre très chaud.

Préparation de la sauce : Faire réduire le concentré de tomate et la marinade jusqu'à une consistance sirupeuse. Passer à l'étamine.

Pour servir : Napper le fond de l'assiette de sauce, poser des mignons et quelques spaetzele. Parsemer de ciboulette hachée.

Boisson conseillée: Une bonne bière fraîche

*V*oilà un plat rustique, solide
et pourtant subtil. Le secret est
dans l'estomac où l'on enfourne
de petits morceaux de viande,
ceux qui ne peuvent faire de
belles tranches, mais sont si
tendres, si juteux qu'ils fondent
sous la langue. Puis on ajoute
les légumes, les épices, on
boucle la poche et l'on fait cuire
doucement, délicatement, en
préparant un lit de navets salés.

ESTOMAC DE PORC AUX NAVETS SALES

VOTRE MARCHÉ POUR SIX A HUIT PERSONNES
- ☐ un estomac de porc préparé par le boucher
- ☐ 500 g d'échine de porc hachée fin
- ☐ 2 œufs
- ☐ 500 g de petits cubes de légumes blanchis : navets, carottes, céleri, oignons
- ☐ 2 litres de bouillon de légumes
- ☐ un kg de navets salés
- ☐ 200 g de poitrine de porc fumée en lardons

La préparation de L'Arsenal

■ Bien mélanger la viande hachée, les légumes et les œufs. Garnir l'estomac. Recoudre avec soin. Plonger la poche dans le bouillon de légumes, laisser frémir une heure. Disposer une couche de navets salés et de lardons dans le fond d'une terrine, poser l'estomac, recouvrir d'une seconde couche de navets et de lardons. Mouiller jusqu'à mi-hauteur. Cuire à four chaud pendant une bonne heure.

Vin conseillé: Pinot blanc

C omme à Noël, confie Tony quand il propose le boudin aux pommes. Il faut bien le cuire à la vapeur avant de le couper en rondelles. Puis, badigeonner chaque rondelle d'une goutte d'huile de noix et d'une goutte de vinaigre de Xérès. Question de parfum, bien sûr, mais aussi de digestion. On fait alors sauter les pommes à la poêle. Et on sert avec une salade de petits oignons jeunes, cuits au vin blanc.

BOUDIN AUX POMMES ET AUX OIGNONS

VOTRE MARCHÉ POUR QUATRE PERSONNES
- [ ] 4 petits boudins
- [ ] 4 pommes acides
- [ ] une cuillerée à soupe de beurre
- [ ] 200 g de petits oignons
- [ ] vinaigrette moutardée
- [ ] cerfeuil, ciboulette, thym frais
- [ ] huile de noix
- [ ] vinaigre de Xérès
- [ ] un verre de vin blanc

La préparation de L'Arsenal

■ Cuire les boudins à la vapeur pendant 15 minutes. Faire dorer les quartiers de pommes dans le beurre. Les répartir sur une assiette et poser en rond les tranches de boudin que l'on badigeonne d'huile de noix et de vinaigre de Xérès.

Servir avec les petits oignons tièdes, cuits au vin blanc et marinés dans la vinaigrette et les herbes.

Vin conseillé: Klevener de Heiligenstein

Lorsqu'il est sec, le coriandre accompagne parfaitement le poisson, mais lorsqu'il est frais, il convient à la viande, lui donne un parfum percutant, dominant, tout en respectant la qualité du morceau. Choisir une belle tranche, bien tendre, comme on l'aime quand on veut la prendre saignante. Attendre que la cuisson soit faite pour parsemer de coriandre.

SAUTE DE BOEUF AU CORIANDRE FRAIS

VOTRE MARCHÉ POUR QUATRE PERSONNES
- [ ] 4 belles tranches de rumsteck
- [ ] une botte de coriandre frais
- [ ] 2 cuillerées à soupe d'huile d'olive
- [ ] un demi-jus de citron
- [ ] un verre de fond brun de veau

La préparation de L'Arsenal

■ Couper la viande en fines aiguillettes. Laisser macérer une demi-heure avec les trois quarts du coriandre haché et le demi-jus de citron. Bien égoutter. Faire sauter à l'huile d'olive dans une poêle bien chaude en laissant la viande saignante. Rajouter le coriandre macéré et le fond brun de veau.

Servir avec une purée de pommes de terre légèrement arrosée du jus de cuisson. Parsemer le plat du reste de coriandre ciselé.

Vin conseillé: Rosé de Marlenheim

*C*e n'est pas que Tony soit bavard, mais il aime tellement raconter. Le surbrote le ravit : c'est toute une histoire. Que voilà, dit-il, une belle et bonne manière de préparer des rôtis, de bœuf, de veau ou de porc. Avant de maîtriser le froid, il fallait bien se débrouiller pour conserver les viandes, n'est-ce pas ? On préparait des marinades. Tenez, poursuit Tony, prenons un rôti de porc. La marinade sera au vinaigre de miel et de plantes, un vinaigre particulier fabriqué en Alsace. Evidemment, le goût est percutant, mais la légèreté... Ne pas oublier les petites pommes de terre nouvelles (miesele) pour accompagner. Pommes de terre que l'on mangera avec la peau.

SURBROTE AUX MIESELE

VOTRE MARCHÉ POUR QUATRE PERSONNES
- [ ] 800 g d'échine de porc
- [ ] un oignon émincé
- [ ] 2 carottes en rondelles
- [ ] 2 gousses d'ail
- [ ] un bouquet garni
- [ ] 4 verres de vinaigre
- [ ] une demi-bouteille de vin rouge d'Alsace
- [ ] 500 g de pommes de terre nouvelles (miesele)

La préparation de L'Arsenal

■ Mettre tous les ingrédients à mariner pendant une nuit. Le lendemain, égoutter avant de faire rissoler dans une grande cocotte. Rajouter la marinade. Après deux heures de cuisson à four doux, ajouter les petites pommes de terre soigneusement brossées.

Vin conseillé: Rouge d'Ottrott

Mettre l'automne dans son assiette. Comment ? En utilisant le vin nouveau en vinaigre dans lequel la viande va macérer. Légère opération: le jarret aura été caramélisé, pour qu'aucun suc ne puisse s'échapper. Et c'est ainsi que, doucement, les saveurs se mêlent avec une légère dominante fruitée, une pointe d'acidité qui réveille le palais sans l'emporter.

JARRET DE BŒUF AU VINAIGRE DE VIN NOUVEAU

VOTRE MARCHÉ POUR QUATRE PERSONNES
- [ ] 4 tranches de jarret de bœuf de 300 g environ
- [ ] une bouteille de vin nouveau
- [ ] 2 oignons émincés
- [ ] 200 g de carottes coupées en rondelles
- [ ] 4 tomates
- [ ] un demi-verre d'huile d'arachide
- [ ] 2 grappes de raisins
- [ ] 3 gousses d'ail
- [ ] sel, poivre, thym, laurier, un clou de girofle

La préparation de L'Arsenal

■ Laisser aigrir le vin dans une cruche, à température ambiante et à découvert. Colorer fortement les tranches de viande dans une cocotte en fonte, ajouter les légumes et les ingrédients et, après avoir fait rissoler, verser le vinaigre. Glisser dans un four chaud. Cuire une heure. Retourner les pièces en cours de cuisson en ajoutant, si nécessaire, un peu d'eau.
Mettre les raisins égrappés. Servir avec une mousseline de pommes de terre et de céleri.

Vin conseillé: Un vin nouveau d'Alsace (bourru)

A *l'approche de Pâques,*
les petits enfants d'Alsace n'ont
d'yeux que pour les prairies.
Dans un seul espoir : apercevoir
ce fameux lièvre qui devrait
apporter les œufs multicolores.
Autour d'une table, les plus
grands ont un autre souci :
quelle est la partie la plus fine,
la plus tendre du lièvre ? Le
râble. Rôti au four sur un fond
brun, adouci de
crème fraîche,
dorloté à bonne
température,
ce lièvre est un
cadeau
de la table.

RABLE DE LIEVRE AU RAIFORT

VOTRE MARCHÉ POUR QUATRE PERSONNES
- ☐ 2 râbles de lièvre
- ☐ 2 oignons émincés
- ☐ un demi-verre d'huile
- ☐ un verre de vin blanc sec
- ☐ 2 verres de crème fraîche
- ☐ 2 cuillerées à soupe de raifort

La préparation de L'Arsenal

■ Oter les peaux sur le dessus des deux râbles. Les rôtir à feu vif. Cuire 10 minutes à four très chaud. Retourner les râbles, ajouter les oignons. Lorsque la viande est juste cuite, rosée, la réserver au chaud. Jeter le gras de la cuisson, déglacer le plat avec le vin blanc. Après réduction, ajouter la crème, poursuivre la réduction. Incorporer le raifort hors du feu, puis en napper les râbles. Servir avec des pâtes fraîches agrémentées de petits croûtons dorés.

Vin conseillé: Tokay

*B*aie sauvage,
l'airelle est
non seulement
agréable
au regard,

mais la nature l'a ainsi
faite qu'elle s'accommode à
merveille au goût du lièvre.
Peut-être parce que tous deux
s'épanouissent en liberté.
Désossé - mais garder les os - le
lièvre est farci de lichettes de
viande, prélevées le long des
os, de quelques champignons
et, bien sûr, d'airelles. On
boucle le tout dans un papier
aluminium et on mijote dans un
fond blanc de lièvre, où auront
cuit les os, et qui sera la base
de la sauce.

LIEVRE FARCI AUX AIRELLES

VOTRE MARCHÉ POUR SIX PERSONNES
- [ ] un beau lièvre
- [ ] 500 g de porc haché fin
- [ ] 200 g de champignons frais
- [ ] 100 g d'airelles
- [ ] 500 g de mirepoix (petits cubes de légumes)
- [ ] une bouteille de vin rouge d'Alsace
- [ ] un litre de bouillon de légumes
- [ ] un bouquet garni
- [ ] un verre de crème double

La préparation de L'Arsenal

■ Désosser le lièvre. Le coucher sur une double épaisseur de papier aluminium. Recouvrir d'une farce faite avec les filets de lièvre, le porc, les champignons et les airelles. Rouler le tout et ficeler pour obtenir un saucisson. Faire rissoler les os coupés en petits morceaux, ajouter la mirepoix puis le vin rouge, le bouillon de légumes et le bouquet garni. Dès le début de l'ébullition, plonger le lièvre dans ce mélange et laisser mijoter pendant deux heures.

Préparation de la sauce : Réduire le fond de cuisson après l'avoir passé à l'étamine. Le crémer légèrement et ajouter quelques grains d'airelles.

Vin conseillé: Pinot rouge d'Alsace

Nourri au grain, dodu, le coq fermier n'est pas un poids plume. Il est donc préférable de se retrouver plusieurs à table pour attaquer le volatile bien cuit en pot-au-feu, imprégné des parfums des légumes qui donneront à ce plat son petit côté printanier.

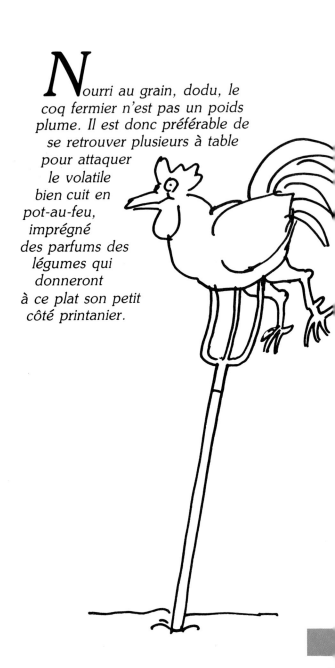

COQ FERMIER AU PINOT NOIR

VOTRE MARCHÉ POUR SIX PERSONNES
- [ ] un beau coq
- [ ] une bouteille de Pinot noir
- [ ] un bouquet garni
- [ ] 2 oignons [ ] 2 gousses d'ail
- [ ] 5 carottes
- [ ] 3 grosses pommes de terre
- [ ] 6 poireaux
- [ ] vinaigrette aux herbes (persil, cerfeuil, ciboulette)

La préparation de L'Arsenal

■ Cuire le coq en pot-au-feu pendant deux heures en remplaçant un tiers de bouillon par l'équivalent de Pinot noir. Trente minutes avant la fin de la cuisson, ajouter les pommes de terre coupées en gros quartiers. Servir dans des assiettes creuses avec les pommes de terre. Arroser de bouillon. Présenter les légumes tièdes à part avec la vinaigrette.

Les non-Alsaciens suivent d'un doigt sur la carte, hésitants. Gi-ler-le ? Ah ! ça… C'est une volaille, un petit coq, pour traduire mot à mot, d'environ un kilo. Mais attention, précise Tony qui connaît sa géographie gourmande par cœur, le gilerle est une spécialité de la jolie campagne toute proche de Strasbourg. Là, au vert, les gilerle, bébés coqs en pâte, sont gavés de bons grains, ce qui leur donne cette chair juteuse, parfumée. Désossé, macéré dans un peu de vin blanc aromatisé, le gilerle est braisé au chou rouge.

GILERLE BRAISE AU CHOU ROUGE

VOTRE MARCHÉ POUR QUATRE PERSONNES
- [ ] un gilerle désossé
- [ ] un beau chou rouge
- [ ] 2 oignons
- [ ] 2 gousses d'ail
- [ ] 2 pommes de terre
- [ ] 2 pommes

Pour la farce :
- [ ] 300 g de porc finement haché
- [ ] 3 tranches de pain rassis trempées dans du lait
- [ ] un oignon haché et rissolé
- [ ] un oeuf
- [ ] muscade, sel, poivre
- [ ] un verre de vin blanc sec

La préparation de L'Arsenal

■ Laisser mariner le gilerle pendant deux heures dans du vin blanc. Couper le chou en lanières, le faire blanchir.

Préparation de la farce : Mélanger vigoureusement tous les ingrédients sans oublier de bien essorer le pain.

Garnir le gilerle, le recoudre soigneusement. Le poser dans une grande cocotte, sur un lit d'oignons émincés et colorés. Entourer la volaille de chou rouge, des pommes de terre et des pommes. Cuire à four chaud pendant une heure et demie.

*L*a préparation est peut-être
un peu longue, mais le résultat
mérite bien un rien de patience.
Bien dodu, le canard est
désossé puis empli d'une farce
enrichie de marrons et de
légumes - pour mêler les
parfums, bien imprégner le
canard qui sera recousu à points
serrés - avant de passer dans un
four violent pour être bien saisi.

CANARD FARCI AUX MARRONS

VOTRE MARCHÉ POUR QUATRE PERSONNES
- ☐ un canard désossé
- ☐ 2 grosses pommes de terre
- ☐ 2 navets
- ☐ un oignon

Pour la farce :
- ☐ 300 g de porc haché
- ☐ 200 g de veau haché
- ☐ 2 oignons émincés, colorés au beurre
- ☐ un oeuf
- ☐ sel, poivre, quatre épices
- ☐ 200 g de marrons
- ☐ 200 g de légumes assortis

La préparation de l'Arsenal

■ Préparation de la farce : Faire revenir les marrons avec quelques légumes coupés en dés. Ajouter au mélange porc-veau-œuf-oignon-épices.

Garnir le canard, le recoudre soigneusement. Mettre à rôtir en cocotte avec le deuxième oignon, les quartiers de pommes de terre et les navets.

Vin conseillé: Kaefferkopf

L ongtemps, l'oie fut le plat
des princes. On prétend que
Charlemagne en était friand. En
Alsace, il existait même une fête
pour l'oie. Une fête sans
retenue : deux jours et deux
nuits à se rassasier des volatiles
bien gras en sacrifiant au rite
étourdissant du vin nouveau.
Les temps ont changé. L'oie a
survécu. Le problème : ce plat
n'est pas spécialement léger.
Sauf si l'on connaît et applique
le remède miracle de Jean-
Louis. C'est bien simple : avant
de passer au four, le grand
corps est plongé dans un bac de
bouillon chaud. On fait
frissonner. Le tour est joué : la
graisse s'écoule, s'en vient
surnager à la surface. Graisse
qu'il sera utile de récupérer :
elle pourra toujours servir.

OIE BRAISEE AU CHOU BLANC

VOTRE MARCHÉ POUR SIX A HUIT PERSONNES
- [ ] une belle oie gavée de 3 à 4 kg environ
- [ ] 500 g de mirepoix : petits dés de carottes, d'oignons et de céleri
- [ ] un verre de Sylvaner
- [ ] 100 g de poitrine de porc fumée
- [ ] 2 kg de chou blanc
- [ ] un litre de bouillon de volaille
- [ ] un bouquet garni

La préparation de L'Arsenal

■ Faire rôtir l'oie préalablement blanchie à four très chaud (250°). Après 20 minutes de cuisson, dégraisser le plat et ajouter la mirepoix. Dès coloration, déglacer au vin blanc et laisser mijoter encore 20 minutes. Pendant ce temps, émincer le chou, le blanchir. Débiter la poitrine de porc en petits lardons.

Braisage : Mettre dans une braisière en couches successives la plus grande partie du chou et les lardons, l'oie découpée et le bouquet garni, le reste du chou, la mirepoix et le bouillon de volaille. Fermer hermétiquement la terrine. Laisser cuire à 200° pendant une heure et demie.

Vin conseillé: Tokay

En Alsace, le début de l'été apporte une bonne nouvelle : le retour de la rhubarbe. Le plus souvent, elle finit en tartes ou en confitures. Mais, pour avoir depuis longtemps accompagné la gastronomie régionale, la rhubarbe a été mise à bien d'autres sauces. Ainsi, avec le canard : la plante attaque les sucs de la viande qui réduisent pour rehausser élégamment la saveur de ce plat.

CANARD A LA RHUBARBE

VOTRE MARCHÉ POUR QUATRE PERSONNES
- ☐ un canard
- ☐ une livre de rhubarbe
- ☐ un demi-verre d'huile d'olive
- ☐ sel, poivre

La préparation de L'Arsenal

■ Saler et poivrer le canard à l'intérieur et à l'extérieur. Le couvrir entièrement de fines lamelles de rhubarbe. Après une nuit de repos, arroser légèrement d'huile. Rôtir dans un four très chaud pendant quarante minutes en arrosant de temps en temps avec le jus de cuisson. Servir avec des tomates grillées ou des pommes de terre au four.

Voilà des siècles que le cabri est estimé des gastronomes et autres bons-vivants de la région. On le servait paré d'herbes et de fruits. On le passait à la broche. Là, c'est le percutant de l'ail qui fait le succès du cabri dont la viande délicate, lorsqu'elle est croustillante, est un enchantement.

CABRI ROTI A L'AIL

VOTRE MARCHÉ POUR HUIT PERSONNES
- [ ] un petit cabri de 4 kg environ
- [ ] un verre d'huile d'olive
- [ ] une cuillerée à soupe de gros sel
- [ ] poivre concassé
- [ ] thym frais, ciboulette
- [ ] 4 gousses d'ail écrasées
- [ ] un verre de vin blanc sec
- [ ] mirepoix (petits cubes de légumes)

Pour les galettes :
- [ ] un kg de pommes de terre
- [ ] 5 œufs
- [ ] noix de muscade, sel, poivre

La préparation de L'Arsenal

■ Bien mêler le sel, l'huile, le poivre, les herbes et l'ail. Frotter vigoureusement le cabri avec ce mélange. Le laisser reposer toute une nuit au frais. Faire rôtir à feu vif puis mettre au four avec la mirepoix et le vin blanc. Au bout de vingt minutes, vérifier le stade de la cuisson en piquant la viande à l'aide d'une fourchette. Le jus qui en sort doit être clair.

Préparation des galettes : Râper grossièrement les pommes de terre, les presser, ajouter les œufs, l'assaisonnement, bien mélanger. Les cuire en petites galettes dans une poêle bien chaude.

Vin conseillé: Tokay

L'Alsace est une terre aimée
des chasseurs. L'art
d'accommoder le gibier est donc
consommé dans la région.
Ainsi, cette selle de marcassin,
dont le goût très typé va se
mêler à celui des champignons,
se révéler davantage encore au
contact des épices. Quand il fait
froid dehors, quand le brouillard
de fin d'automne vient tout
envelopper et que ce plat fume
dans les assiettes, le régal
commence.

SELLE DE MARCASSIN AUX CHAMPIGNONS

VOTRE MARCHÉ POUR QUATRE PERSONNES
- [ ] une selle de marcassin désossée d'environ un kg
- [ ] 2 beaux oignons
- [ ] un demi-céleri
- [ ] une bouteille de rouge d'Alsace
- [ ] un bouquet garni
- [ ] 100 g de champignons
- [ ] 200 g de farce de porc
- [ ] 2 verres de crème
- [ ] 2 œufs
- [ ] une demi-cuillerée de poivre

La préparation de l'Arsenal

■ Préparation de la farce : Mélanger le porc, les champignons émincés et les œufs. Relever fortement de poivre.

Garnir la selle désossée. La rouler dans une double épaisseur de papier aluminium.
Pocher pendant une heure dans un fond composé d'oignons, de céleri, de vin rouge et du bouquet garni.

Couper la selle en belles tranches. Servir avec le fond de cuisson, réduit et crémé.

*I*l y a de l'ail dans ce plat,
mais, s'il en a toutes les vertus,
il n'en a aucun inconvénient.
Encore un secret de grand-mère
que Tony et Jean-Louis sont
tout disposés à partager.
Il suffit de pocher l'ail à l'eau
chaude. Miracle ! Tous les
problèmes d'odeur et digestion
disparaissent. Bien écrasé, l'ail
permettra alors de donner à la
sauce rendue par la cuisson des
légumes et de la viande un bien
agréable velouté. Ne pas oublier :
l'agneau sera encore plus
délicieux s'il a été mis à macérer
dans du vin de pomme.

SAUTE D'EPAULE D'AGNEAU

VOTRE MARCHÉ POUR QUATRE PERSONNES
- ☐ une épaule
- ☐ 10 gousses d'ail blanchies
- ☐ 2 oignons émincés
- ☐ 2 carottes en rondelles
- ☐ 4 gros navets en quartiers
- ☐ une bouteille de vin de pommes (cidre)
- ☐ un litre de bouillon de légumes

La préparation de L'Arsenal

■ Couper l'épaule en dés. Faire revenir.
Jeter le gras de cuisson, ajouter les légumes,
laisser rissoler. Mouiller au vin, au bouillon.
Laisser mijoter une bonne heure.

Pour que la sauce ait un goût plus prononcé,
on peut faire revenir les os avec la viande.

*C*e n'est pas aux Alsaciens
que l'on va apprendre à faire
des pâtisseries. Dans la région,
on peut même prétendre sans
encourir de risques que le sucré
est une tradition. Peut-être
parce que la vie y est
chaleureuse et qu'entre les
repas, au creux de l'après-midi,
il est doux de se rassembler
autour d'une assiette de
gâteaux. Peut-être encore parce
que les fruits y poussent en telle
abondance qu'il serait bien
dommage de ne pas chercher à
les présenter de la manière la
plus plaisante. Sans oublier,
bien sûr, les classiques,
notamment le chocolat dont le
velouté n'a plus de secret pour
Jean-Louis.

SALADE DE PECHES DE VIGNE ET DE FRAISES

VOTRE MARCHÉ POUR QUATRE PERSONNES
- ☐ 4 belles pêches de vigne
- ☐ 300 g de fraises
- ☐ 2 jus de citron
- ☐ un demi-verre d'eau de fleur d'oranger
- ☐ 300 g de sucre

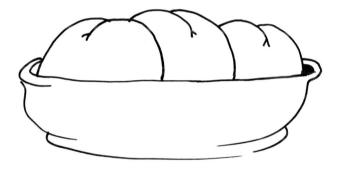

La préparation de L'Arsenal

■ Préparer un léger sirop avec un litre d'eau et les 300 g de sucre. Laisser refroidir. Ajouter les jus de citron et l'eau de fleur d'oranger. Laver et éplucher les pêches, les couper en quatre. Laver rapidement les fraises avant de les équeuter. Mettre les fruits dans le sirop à mariner au frais pendant au moins deux heures. Ne pas oublier de piquer les fraises de la pointe d'une fourchette pour que leur arôme parfume le sirop.

Vin conseillé: Blanc de blanc d'Alsace ou Gewurztraminer   119

POIRETTES A LA GELEE DE MUSCAT

VOTRE MARCHÉ POUR QUATRE PERSONNES
- ☐ 16 petites poires
- ☐ une bouteille de Muscat d'Alsace
- ☐ 200 g de sucre
- ☐ 2 feuilles de gélatine
- ☐ quelques gouttes d'eau-de-vie de poire

La préparation de L'Arsenal

■ Eplucher les poirettes en laissant la tige. Saupoudrer de sucre. Humecter d'eau-de-vie. Laisser reposer trente minutes.

Faire frémir le vin, le sucre et les feuilles de gélatine. Eviter l'ébullition. Mettre les poires. Poursuivre la cuisson une trentaine de minutes. Laisser mariner au frais toute la nuit. Servir en compotier, avec la gelée vivement fouettée.

Vin conseillé: Muscat

GATEAU AU CHOCOLAT

VOTRE MARCHÉ POUR HUIT PERSONNES
- ☐ 750 g de chocolat noir à cuire
- ☐ 100 g de kremfix (Ancel)
- ☐ 75 cl de crème fraîche
- ☐ un fond de génoise (1 cm d'épaisseur)
- ☐ 5 cl de kirsch
- ☐ cacao en poudre, sucre glace

La préparation de L'Arsenal

■ Faire fondre le chocolat au bain-marie. Bien fouetter pour le rendre homogène, puis le tiédir. Monter la crème en chantilly et la stabiliser avec la poudre à crème. Mélanger le chocolat tiède et la crème le plus délicatement possible à l'aide d'une spatule.

Tapisser un moule à tarte de papier

aluminium ; y verser cette préparation, recouvrir avec la génoise imbibée de kirsch. Laisser reposer quatre heures au froid.

Pour le service : Retourner sur un plat et retirer délicatement le papier. Décoration : cacao en poudre et sucre glace. Eventuellement, sur le pourtour, des copeaux de chocolat.

Boisson conseillée: Un verrre de kirsch

CHARLOTTE AUX MURES ET AUX MYRTILLES

VOTRE MARCHÉ POUR SIX PERSONNES
- [ ] 3 verres de crème anglaise
- [ ] 3 verres de crème fraîche
- [ ] une cuillerée à soupe de sucre
- [ ] 4 feuilles de gélatine
- [ ] 300 g de mûres
- [ ] 200 g de myrtilles
- [ ] un fond de génoise

La préparation de L'Arsenal

■ Saupoudrer les fruits de sucre pour extraire le maximum de jus. Faire dissoudre les feuilles de gélatine dans la crème anglaise. Mélanger délicatement à la spatule la crème fraîche montée en chantilly, la crème anglaise refroidie et les fruits égouttés.

Mettre dans un moule rond et creux, tapissé

d'un fond de génoise coupé fin. Recouvrir du reste de génoise.

Le jus des fruits peut constituer une excellente base de cocktails. En le mélangeant, par exemple, à un crémant d'Alsace bien frais.

Vin conseillé: Crémant d'Alsace

FEUILLANTINE DE QUETSCHES

VOTRE MARCHÉ POUR QUATRE PERSONNES
- ☐ 200 g de pâte feuilletée
- ☐ 400 g de quetsches
- ☐ 3 cuillerées à soupe de sucre
- ☐ une cuillerée à café de cannelle moulue
- ☐ un demi-verre d'eau-de-vie de quetsches

La préparation de L'Arsenal

■ Dénoyauter les quetsches. Les rouler dans un caramel bouillant avant de les disposer sur un disque mince de pâte feuilletée de 10 cm de diamètre. Passer à four très chaud pendant 10 minutes. Saupoudrer de cannelle. Flamber à l'eau-de-vie. Servir très chaud.

Boisson conseillée: Un quetsche-tonic

POMMES FLAMBEES AU MIEL

VOTRE MARCHÉ POUR QUATRE PERSONNES
- ☐ 4 pommes, reinettes de préférence
- ☐ 4 cuillerées à soupe de miel
- ☐ une cuillerée à soupe de beurre
- ☐ un demi-verre d'alcool blanc de pomme

La préparation de L'Arsenal

■ Frotter vigoureusement les pommes, les tailler en quartiers, enlever les pépins. Colorer dans le beurre chaud. A mi-cuisson, ajouter le miel. Flamber à l'alcool.

Pour obtenir un contraste original, on peut poser sur chaque portion une boule de glace à la vanille.

Vin conseillé: Crémant d'Alsace ou Muscat.

MENDIANT AUX QUETSCHES

VOTRE MARCHÉ POUR SIX PERSONNES
- ☐ 300 g de pain rassis
- ☐ 30 cl de lait
- ☐ 3 œufs
- ☐ 200 g de quetsches
- ☐ un verre d'eau-de-vie de quetsches
- ☐ 300 g de sucre

La préparation de L'Arsenal

■ Dénoyauter les quetsches. Les mettre à mariner pendant une demi-heure, généreusement arrosées d'eau-de-vie et saupoudrées de sucre. Couper le pain en petits dés, le mettre avec le lait, les œufs et le reste de sucre dans un récipient couvert. Remuer de temps en temps pour avoir une purée.

Mélanger cette purée et les quetsches et verser tout de suite dans un plat creux légèrement beurré allant au four. Laisser cuire une demi-heure à 180°.

Vin conseillé: Crémant d'Alsace ou Gewurztraminer

TARTE AUX POMMES STREUSSEL

VOTRE MARCHÉ POUR SIX PERSONNES
- ☐ 6 pommes à cuire émincées
- ☐ 300 g de pâte brisée
- ☐ un verre de lait
- ☐ un demi-verre de crème
- ☐ 3 œufs
- ☐ 2 cuillerées à soupe de sucre

Streussel :
- ☐ 100 g de farine
- ☐ 100 g de sucre en poudre
- ☐ 100 g de beurre

La préparation de L'Arsenal

■ Préparer le flan avec le lait, la crème, les oeufs et les deux cuillerées de sucre. Etaler la pâte, garnir avec les pommes et cuire à four chaud. Au bout d'un quart d'heure, recouvrir du flan. Remettre au four une dizaine de minutes. Parsemer de Streussel et laisser dorer.

Préparation du Streussel : Malaxer les ingrédients en faisant de gros flocons.

Vin conseillé: Gewurztraminer vendanges tardives

MILLEFEUILLE AUX FRAISES

VOTRE MARCHÉ POUR QUATRE PERSONNES
- ☐ 300 g de pâte feuilletée
- ☐ 500 g de fraises
- ☐ quelques gouttes de kirsch
- ☐ 100 g d'amandes effilées grillées
- ☐ un demi-litre de crème montée en chantilly
- ☐ gelée de groseille

La préparation de L'Arsenal

■ Etaler la pâte. Confectionner trois disques. Les cuire. Laisser refroidir. Les enduire d'une fine couche de gelée de groseilles. Equeuter

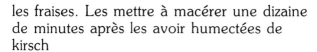

les fraises. Les mettre à macérer une dizaine de minutes après les avoir humectées de kirsch

Disposer sur les trois disques un mélange fraises-crème chantilly. Les superposer. Entourer le tout du reste de crème. Décorer en posant sur le pourtour les amandes effilées et, sur le dessus, une couronne de fraises coupées en deux

Vin conseillé: Crémant d'Alsace ou un verrre de kirsch

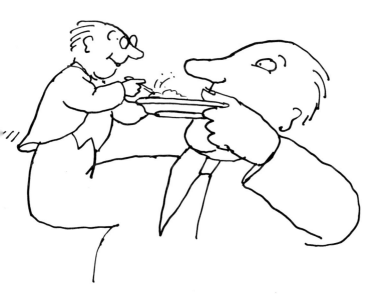

TABLE DES MATIERES

Desserts

Maquette: Dominique Roynette

Achevé d'imprimer le 15 octobre 1985
sur les presses de la
Société d'Edition de la Basse Alsace
Strasbourg

N° d'impression: 4515
Dépôt légal N° 4797 - 4e trimestre 1985

Imprimé en France